VENTE DU LUNDI 24 AVRIL 1893

HOTEL DROUOT, SALLE N° 1

à 2 heures

TRÈS BEAU

MOBILIER

ARTISTIQUE

ÉPOQUES ET STYLES

XVIᵉ, XVIIᵉ ET XVIIIᵉ SIÈCLES

En partie ayant été fourni par Mazaroz-Ribalier

SALONS EN TAPISSERIE ET EN VELOURS DE GÊNES

OBJETS D'ART, BRONZES, SCULPTURES

TAPISSERIES ANCIENNES

Tapis de Perse, Tentures

Mᵉ G. BOULLAND	M. A. BLOCHE
COMMISSAIRE-PRISEUR	EXPERT PRÈS LA COUR D'APPEL
26, rue des Petits-Champs, 26	25, rue de Châteaudun, 25

EXPOSITION PUBLIQUE

Le Dimanche 23 Avril 1893, de 2 heures à 5 heures 1/2

CATALOGUE

D'UN TRÈS BEAU

MOBILIER ARTISTIQUE

ÉPOQUES ET STYLES

XVIᵉ, XVIIᵉ ET XVIIIᵉ SIÈCLES

En partie ayant été fourni par Mazaroz-Riba ier

PLUSIEURS SALONS EN TAPISSERIE ANCIENNE

En velours de Gènes et satin broché

LOUIS XIV, LOUIS XV ET LOUIS XVI

SALLES A MANGER GOTHIQUE ET RENAISSANCE

GRANDE CHAMBRE A COUCHER LOUIS XIII, AUTRES DE FANTAISIE

SIÈGES VARIÉS, PIANO D'ÉRARD

Meubles de cabinet de travail, de cabinet de toilette, de vestibule, etc.

OBJETS D'ART, BRONZES, SCULPTURES

TAPISSERIES DE BRUXELLES, TENTURES, RIDEAUX

Anciens Tapis de Perse

DONT LA VENTE AURA LIEU

HOTEL DROUOT, SALLE Nº 1

Le Lundi 24 Avril 1893, à 2 heures

Mᵉ G. BOULLAND	**M. A. BLOCHE**
COMMISSAIRE-PRISEUR	EXPERT PRÈS LA COUR D'APPEL
26, rue des Petits-Champs, 26	25, rue de Châteaudun, 25

Chez lesquels on trouve le présent Catalogue

EXPOSITION PUBLIQUE

Le Dimanche 24 Avril 1893, de 2 heures à 5 heures 1/2

CONDITIONS DE LA VENTE

La vente sera faite au comptant.

Les [adjudicataires paieront *cinq pour cent* en sus des enchères, applicables aux frais de la vente.

L'Exposition mettant les acquéreurs à même de se rendre compte de l'état des objets, il ne sera admis aucune réclamation une fois l'adjudication prononcée.

Paris. — Imp. de l'Art. E. Ménard et Cⁱᵉ, 41, rue de la Victoire.

DÉSIGNATION DU MOBILIER

PREMIER SALON

1 — Beau meuble de salon de l'époque Louis XVI,
canapé et six fauteuils en tapisserie à médaillons
scènes des fables de La Fontaine et oiseaux sur
fond crème à guirlandes et jetées de fleurs, bois
sculpté laqué noir et rehaussé d'or.

2-3 — Trois jolis petits canapés en bois sculpté,
dessin à coquilles et à enroulements, style Louis
XIV, travail de Mazaroz-Ribalier, couverts en
ancienne tapisserie représentant des enfants et
des amours jouant avec des aigles et des lions,
des médaillons à sujets champêtres, montée sur
fond de peluche rouge et mordorée, garnis de
franges et gainés de peluche.

4 — Jolie petite chaise longue de même style, en bois sculpté, de Mazaroz-Ribalier, couverte en peluche bleue et mordorée et en tapisseries anciennes représentant des figures d'archanges et des fruits, un médaillon à personnages dans un cartouche à ornements.

5 — Charmant petit canapé en noyer finement sculpté, dessin Louis XIV, avec pieds à croisillons de Mazaroz-Ribalier, couvert en ancienne tapisserie de Bruxelles, représentant des groupes d'enfants dans des paysages.

6 — Quatre chaises légères en noyer finement sculpté, dessin Louis XIV, foncées de canne dorée.

7 — Petit canapé en bois sculpté, laqué blanc et rehaussé d'or, couvert en velours frappé, vieil or. Style Louis XVI.

8 — Deux fauteuils-crapauds en bois sculpté, style Louis XIV, couverts en peluche bleue capitonnée avec rampes de peluche rouge, de Mazaroz-Ribalier.

9 — Grande console à étagères en noyer sculpté et rehaussé d'or, avec glace au fond. Style Louis XIV.

10 — Chaise basse, dossier cintré, siège en éventail, couverte de broderies à gerbes de fleurs sur fond marron, bandeau en peluche mordorée, garnie de franges assorties.

11 — Table avec dessus à développement en noyer sculpté, piétement à arcades, rehaussée d'or. Style XVIᵉ siècle.

12 — Table à jeu de même style.

13 — Deux chaises légères, style Louis XVI, en bois sculpté et doré, couvertes en soierie de fantaisie et capitonnée.

14 — Deux chaises légères en bois sculpté et doré, dossier à guirlandes, couvertes en soierie brochée et capitonnée.

15 — Trois chaises volantes, en noyer sculpté et rehaussé d'or, dossier à colonnettes cannelées, couvertes en velours frappé, fond de différents tons, de Mazaroz-Ribalier.

DEUXIÈME SALON

16 — Deux jolies marquises en bois finement sculpté et doré, dessin à rocailles fleuronnées, foncées de canne dorée. Style Louis XV.

17 — Ameublement de salon, style Louis XIV, composé d'un canapé, deux fauteuils et deux chaises en bois sculpté et doré, riche modèle à coquilles, palmes enroulées et jetées de fleurs, forme à contours, couverts en velours de Gênes rouge ton sur ton, à parterres de fleurs et ramages.

18 — Deux supports à statuettes d'enfants, en bois sculpté. Style Louis XIV.

19 — Deux petites consoles d'appliques en bois sculpté et doré.

TROISIÉME SALON, BOUDOIR

20 — Beau meuble de salon, style Louis XVI, composé d'un canapé, deux fauteuils et six chaises en bois finement sculpté et rechampi de blanc, couverts en satin fond gris ardoise à bouquets de roses.

21 — Trois chaises dites Isabelle, en noyer rehaussé d'or, couvertes en peluche vieil or, avec bouquets et papillons brodés.

22 — Trois chaises en noyer finement sculpté, dossier à carquois et arcs sous arceaux à colonnettes cannelées, bandeaux à rubans Louis XVI. Travail de Mazaroz-Ribalier.

23 — Deux tables-supports en bois noir sculpté dans le goût chinois, l'une avec dessus en marbre rouge et l'autre en peluche brodée.

24 — Deux jardinières carrées avec panneaux de laque de Chine, sur chaque face, montées à cage en bois de rose et marqueterie, garnies de bronzes dorés. Style Louis XVI.

25 — Deux tabourets en chêne sculpté et ciré, couverts en velours rouge, de Mazaroz-Ribalier.

HALL

26 — Beau piano d'Érard, en bois noir gravé et incrusté de filets de cuivre.

27 — Tabouret de piano en palissandre ciré et soie brochée.

28 — Deux tabourets en bois doré couvert en tapisserie et perles à fleurs. Style Louis XVI.

29 — Fauteuil et chaise couverts en peluche mordorée et bandes de tapisserie (fait partie de la chambre à coucher). Style Louis XVI.

30 — Beau dessus de piano en soie brochée ancienne

fond crème à guirlandes de fleurs, monté sur fond de peluche vieux rose avec draperie en mordoré, garni de franges de soies assorties, décor de style Louis XVI.

31 — Grand paravent à cinq feuilles en bois laqué rehaussé d'or, avec panneaux en peluche de différents tons, orné d'applications de broderies à bouquets de fleurs.

32 — Deux décorations de croisées composées de quatre rideaux et de deux lambrequins, grande portière pour baie en peluche bleue ornée d'applications de chenillés et de passementeries polychromes avec crêtes et franges assorties.

33 — Meuble-étagère recouvert de peluche et velours avec bandeau richement brodé d'or, garni de franges rouges. Travail de style oriental.

34 — Petite table forme rognon couverte en peluche vert pâle brodée à bouquets de fleurs et garnie de franges rouges.

35 — Grand fauteuil en bois sculpté et doré, forme Louis XIII, à haut dossier avec têtière, couvert en velours genre de Gênes à parterre de fleurs.

36 — Deux fauteuils-crapauds en bois sculpté et

doré, couverts en étoffe brochée, dessin cachemire. Style Louis XIV.

37 — Petit paravent à quatre feuilles en peluche mousse.

38 — Deux consoles-supports en chêne sculpté, dessin à feuillages. Louis XIII.

39 — Petit fauteuil éperon en bois sculpté et doré, style Louis XV, couvert en ancien brocart de soie fond vert.

40 — Deux chaises cannées en bois sculpté et doré. Style Louis XIV.

PETIT SALON

41 — Ameublement de petit salon en noyer finement sculpté, composé d'un canapé et quatre bergères couverts en soierie fond bleu, à rayures saumon, avec fleurs en broderie de soie polychrome. Style Louis XVI.

42 — Jolie commode en bois de rose et marqueterie, à deux tiroirs garnis de bronze doré; dessus en marbre. Époque Louis XVI.

43 — Deux consoles d'angles en érable et amarante, garnies de bronzes dorés. Style Louis XVI.

44 — Bureau à cylindre, le haut s'ouvrant à coulisse en marqueterie de bois. Louis XVI.

45 — Servante circulaire en bois noir.

46 — Servante surbaissée en bois noir.

47 — Étagère couverte en peluche rouge.

GRANDE SALLE A MANGER

48 — Buffet-crédence en noyer sculpté, style XVIᵉ siècle, s'ouvrant à trois portes dans le bas, et le haut, à réserves soutenues par des colonnettes, le milieu à corps plein ouvrant à une porte avec sujet en bas-relief : Combat de dragon et serpent.

49 — Grande table rectangulaire en noyer sculpté, piétement à colonnes et arcades, avec quatre allonges. Style XVIᵉ siècle.

50 — Huit chaises en noyer sculpté couvertes en moquette. Style XVIᵉ siècle.

51 — Dressoir-crédence à voussure en noyer sculpté
Style XVIe siècle.

DEUXIÈME SALLE A MANGER

52 — Ameublement en chêne sculpté, style gothique,
composé d'un buffet avec fronton à arcades ogi-
vales, six chaises avec coussins en velours de lin,
une table rectangulaire, piétement à colonnes.

PREMIÈRE CHAMBRE A COUCHER

53 — Grand et beau lit de milieu en noyer sculpté à
colonnes cannelées, fond divisé par panneaux.
Style XVIe siècle.

54 — Deux grands rideaux et tour de lit en imitation
de tapisserie au point, dessin à médaillons d'oiseaux et grands ramages. Style Louis XIII. En-
cadré de peluche chaudron et bordé de franges
assorties avec fond de lit en gourgouran rose
assorti aux doublures.

Rideaux. Haut., 2 m. 80 cent.
Tour de lit. Haut., 6 m. 15 cent.

55 — Décor de croisée composé de deux grands rideaux et un bandeau, même étoffe et même style.

> Rideaux. Haut., 3 m. 50 cent.
> Bandeau. Long. 1 m. 90 cent.

56 — Tablette de cheminée avec bandeau analogue.

57 — Bandeau de baie analogue garni de franges rouges.

> Long., 3 m. 90 cent.

58 — Prie-Dieu style gothique en bois sculpté, décor à ogives.

59 — Beau prie-Dieu en noyer sculpté, de style Renaissance, décor en bas-relief à figures de chérubins et ornements Jean Goujon, flanqué de colonnettes cannelées avec fronton.

DEUXIÈME CHAMBRE A COUCHER

60 — Grand lit de milieu en peluche rouge Van Dyck, garni de câblé assorti.

61 — Armoire à glace, à colonnes détachées et fronton en certosine.

62 — Table de nuit en certosine.

63 — Table de chevet en bois noir, système à cré-
maillère.

64 — Table de chevet en acajou, système à cré-
maillère.

65-66 — Deux petits bonheurs-du-jour en bois noir,
garnis de bronzes de Dihl.

67 — Bahut à deux portes, style néo-grec, en bois
noir, orné de bronzes de Dihl.

FUMOIR, CABINET DE TRAVAIL

68 — Deux chaises en bois d'ébène sculpté, dossier
à coquilles, couvertes en peluche rouge frappée.

69 — Joli meuble-cabinet en bois noir, orné d'in-
crustations d'ivoire représentant des sujets de
chasse, monté sur serres d'aigles avec galerie et
fronton ornés de cuivre. Pose sur une console
de même travail. Époque Louis XIII.

70 — Petit cabinet en bois noir et ivoire gravé, élevé sur console. Style Louis XIII.

71 — Trois fauteuils en noyer sculpté, bras et pieds tors avec têtes de lions, travail de Mazaroz-Ribalier, style Louis XIII, couverts en ancienne tapisserie à fleurs et fruits.

72 — Beau meuble à deux corps en noyer sculpté, le bas à portes pleines avec figures en bas-relief sur la façade, et cartouches à écussons fleurde-lisés sur les côtés. Le haut formant vitrine, inté-rieur garni d'étoffe rouge. Travail partie époque Louis XIV.

73 — Guéridon en noyer sculpté et rehaussé d'or, avec dessus en marbre. Style Louis XVI.

74 — Fauteuil forme Dagobert, en noyer sculpté et doré, couvert en velours de Gênes à parterre de fleurs polychromes sur fond gris argent.

75 — Table-étagère carrée en bois noir.

76 — Chaise en bois noir, couverte en imitation de tapisserie au point.

77 — Fauteuil et deux chaises style Henri II, à dos-

siers carrés en palissandre ciré, couverts en velours de lin rouge avec applications mordorées.

78 — Chiffonnier de style Louis XVI, en acajou,
garni de cuivre, à sept tiroirs ; dessus en marbre
blanc, avec galerie de cuivre.

79 — Secrétaire en acajou, s'ouvrant à deux portes
dans le bas. Style Louis XVI.

80 — Meuble ancien à deux corps, formant vitrine,
en bois d'acajou et bois noir.

81 — Support en bois noir sculpté, dessus en marbre. Style japonais.

82 — Deux supports ronds en bois noir.

83 — Support en bois noir sculpté, dessus en marbre.

84 — Fauteuil de bureau en noyer, style anglais,
dossier à balustres.

85 — Bureau-ministre en bois noir.

86 — Banquette surbaissée couverte en drap soutaché.

87 — Glace avec cadre noir et or.

88 — Coffre à bois en bois noir sculpté.

89 — Trois tabourets en noyer sculpté, style Louis XIV, de Mazaroz-Ribalier.

90 — Deux fauteuils forme ottomane, couverts en moquette.

TROISIÈME CHAMBRE A COUCHER

MEUBLES DIVERS

91 — Lit bas en noyer sculpté, à fronton couronnes de fleurs enrubannées. Style Louis XVI.

92 — Banquette en pitchpin couverte en cuir de Cordoue polychrome et or.

93 — Deux tabourets orientaux incrustés.

94 à 97 — Quatre tables en noyer de diverses formes. Style xvi° siècle.

98 — Table à thé en palissandre ciré.

99 — Table carrée en bois noir ornée de bronzes de Dihl.

CABINETS DE TOILETTE

100 — Toilette en bois peint noir et or, dessus en marbre blanc, surmontée d'une glace.

101 — Table gainée en peluche verte.

102 — Commode et table de nuit en acajou.

103 — Chaise laquée blanc.

104 — Guéridon en acajou orné de bronzes.

105 — Toilette portative en acajou, avec miroir-psyché.

106 — Étagère à fond de glace en palissandre.

107 — Portemanteau en chêne sculpté.

108 — Autre, en fer forgé.

SERRE

109 — Deux petits fauteuils pliants en bambou et vannerie.

110 — Table analogue.

111 — Petit divan de forme ottomane couvert d'un tapis ancien d'Orient sur fond d'étoffe verte.

OBJETS D'ART, BRONZES, MARBRES

112 — Grande et belle garniture de cheminée, formée d'une pendule surmontée d'un grand vase en porcelaine de Tournai, fond bleu, à médaillons à personnages genre Watteau ; de chaque côté du cadran sont assises deux femmes en bronze doré représentant la Gravure et la Lecture ; le socle est en porcelaine de Tournai, décor à médaillons, personnages encadrés de bronzes dorés ; et deux vases en bronze doré et

porcelaine de Tournai, anses formées par des satyres en bronze doré, tenant des guirlandes de fleurs. Style Louis XVI.

113 — Buste en marbre : Vénus de Médicis. Socle en marbre bleu turquin ; contre-socle en velours.

114 — Paire de lampes en porcelaine de Chine, décor médaillons à figures, monture bronze fumé et frotté.

115 — Paire de lampes en cuivre guilloché, partie doré, de Gagneau.

116 — Deux lampes formées de vases cylindriques en cuivre gravé de Perse. Système à gaz.

117 — Deux torchères de mosquée en cuivre gravé de Perse.

118 — Porte-pelle et pincettes en cuivre poli.

119 — Miroir-psyché biseauté, monté en bronze doré, à fronton écusson et fleurs. Style Louis XVI.

120 — Deux jardinières en porcelaine de Tournai ou Saint-Amant, fond bleu turquoise, à médaillons

sujets champêtres, montées sur pieds à dauphins en bronze doré. Style Louis XVI.

121 — Jeu d'échecs en bois sculpté.

122 — Jardinière ronde et côtelée en faïence rouge grenat; monture en métal bruni. Style Louis XVI.

123 — Curieuse Divinité birmane, en marbre rehaussé d'or, représentée debout, armée d'un arc et s'appuyant sur son sceptre, adossée à un arceau à jour. Pièce intéressante et ancienne.

124 — Paire de candélabres formés de potiches en ancienne faïence de Delft, décor à sujets chinois en bleu, montés en bronze poli, avec bouquets à sept lumières, richement garnis de plaquettes et de pyramides en cristal taillé. Style Louis XIV.

125 — Deux lampes de Gagneau en bronze argenté, à anses élégantes, arceaux dédoublés reliés à la panse par des mascarons.

126 — Deux cornets en porcelaine du Japon, décor bleu sur blanc.

127 — Bonbonnière en métal japonais, patine brune.

128 — Bonbonnière en porcelaine du Japon, décor bleu.

129 — Coupe élégante de forme, en cristal gravé, monture en bronze argenté, avec anse à figurine d'Hébé.

130 — Lanterne à pans, garnie de vitraux de couleur, montée en bronze, coupole découpée à jour. Système à gaz.

131 — Lanterne à quatre faces, en fer forgé. Style XVIᵉ siècle.

132 — Grand et beau lustre à soixante lumières, en bronze bruni, garni de cristaux, fleurs, plaquettes et pendeloques. Style Louis XIV.

133 — Suspension en bronze doré à cinq lampes.

134 — Coupe en bronze de Barbedienne.

135 — Deux supports de vases en faïence japonaise et à jour.

136 — Deux grands vases d'Urbino, décor à médaillons, anses à serpents.

137 — Brûle-parfums en bronze chinois, décor en bas-relief; socle et couvercle en bois noir sculpté.

138 — Deux plats en cuivre repoussé.

139 — Panier à ouvrage garni de peluche.

140 — Deux cache-pots en osier doré.

141 — Vase en faïence émaillée bleu, décor branches de vigne; socle en bois noir.

142 — Lampe liseuse, décor jaspé.

143 — Cache-pot de Gien, avec plat.

144 — Glace de Venise gravée à fronton.

145 — Paire de vases en bronze, décor à bas-reliefs, sujets d'après Clodion.

146 — Deux socles en bronze. Style Louis XVI.

147 — Cache-pot japonais.

148 — Deux paires de flambeaux en cuivre.

149 — Miroir biseauté ovale, cadre en cuir.

150 — Pendule et deux candélabres en bronze fumé
à sujets d'enfants, de Raingo.

151 — Petite jardinière en bronze poli.

152 — Deux porte-bouquets en faïence décorée.

153 — Colonne en marbre.

154 — Glace triptyque.

155 — Lustre à douze lumières en bronze et cristaux.

156 — Deux potiches du Japon, décor bleu sur blanc.

157 — Éventail pare-étincelles en bronze.

158 — Deux chenets, style Louis XVI, en bronze.

159 — Porte-pelle et pincettes avec accessoires.

160 — Deux chenets Louis XIII, en cuivre poli.

161 — Petite étagère en velours vert.

162 — Pichet en grès.

163 — Vase japonais, porte-cannes et parapluies.

164 — Service de table en cristal gravé au chiffre
B. K.

165 — Grande cloche ovale en plaqué.

166 — Cabaret en verre rouge.

TABLEAUX

167 — Coesemens. Paysage. Soleil couchant.

168 — L. de Pail. Paysage boisé avec figures.

169 — L. de Pail. Paysage.

170 — Rembrandt (Attribué à). Portrait d'homme.

171 — École moderne. Paysage.

172 — École moderne. Paysage.

TAPISSERIES, TAPIS, ÉTOFFES

173 — Tapisserie de Bruxelles du XVIIe siècle représentant la Répudiation d'une Reine. Composition de plusieurs figures.

> Long., 3 m. 65 cent.; larg., 2 m. 10 cent.

174 — Tapis de Perse ancien à rayons verts et rouges avec bordures.

> Long., 3 m. 75 cent.; larg , 1 mètre.

175 — Tapis ancien d'Orient, dessin archaïque sur fond rouge, bordure de diverses nuances.

> Long., 4 mètres; larg., 1 m. 70 cent.

176 — Tapis fond blanc d'Orient ; champ semé d'ornements ; bordure rouge.

> Long., 2 m. 15 cent.; larg., 1 m. 15 cent.

177 — Deux cantonnières en ancienne tapisserie de Bruxelles, dessin cartouches à figures et vases de fleurs, guirlandes et jetées de roses.

178 — Carpette ancienne de Perse, à raies polychromes.

179 à 181 — Trois tapis anciens d'Orient, à dessins archaïques avec bordures polychromes.

182 — Tapis ancien d'Orient, fond bleu, dessin : thyrses de feuillages, bordure polychrome.

183 — Tapis ancien de Perse, dit *Galerie*, fond rouge, dessin à éventails polychromes.

Long., 3 m. 70 cent.; larg., 1 mètre.

184 — Tapis ancien d'Orient, fond rouge, dessin à pendeloques, bordure bleu pâle.

185 — Joli petit tapis ancien de Perse, fond écru à petits dessins treillagés et fleuris, bordure rouge et à reflets.

186 — Joli petit tapis ancien de Perse, fond jaune, dessin treillagé et fleurs, bordure fond blanc à reflets.

187 — Tapis de Smyrne, fond bleu à médaillons jaunes et rouges.

188 — Tapis de table de Karamanie.

189 — Neuf portières de Karamanie à dessins variés.

Hauteur variant entre 3 m. 80 cent. et 4 mètres.

190 — Tapis long de Perse, ancien, à raies polychromes, bordure à ornements.

Long., 4 m. 50 cent ; larg., 1 m. 20 cent.

191 — Carpette en moquette.

192 — Bandeau et panneau pour écran en ancien
point de Hongrie, représentant des scènes de
mythologie dans des paysages. Époque Louis XIII.

193 — Petit tapis en velours gris garni de franges
blanches.

194 — Coussin long en satin vieil or brodé à rosaces
et fleurs.

195 — Coussin en broderie d'Orient à arabesques de
fleurs sur fond rouge.

196 — Quatre rideaux en bourrette verte.

197 — Deux rideaux en satin havane.

198 — Quatre rideaux en velours de lin rouge.

199 — Deux rideaux en toile à voile rouge.

200 — Écran de foyer en broderie d'Orient sur fond
rouge.

201 — Coussin en tapisserie au point.

202 — Coussin en peluche brodée.

203 — Petit lambrequin en tapisserie.

204 — Deux bandes en application ancienne sur ancien velours de soie rouge.

205 — Bandeau en broderie ancienne sur fond de
soie jaune.

Long., 1 m. 50 cent.; larg., 50 cent.

206 — Quatre morceaux semblables.

207 — Objets non catalogués.

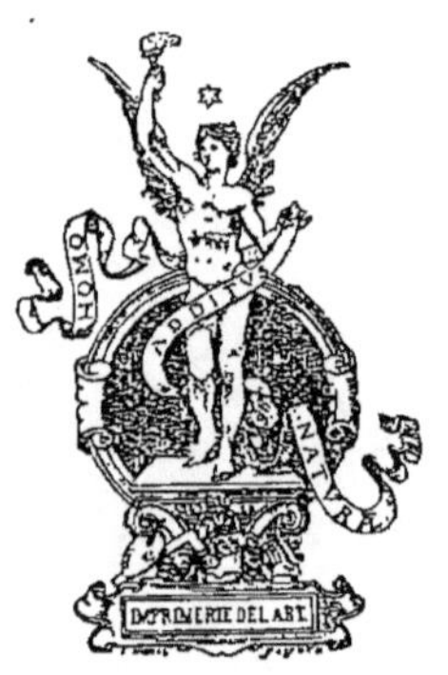
HOMO
IMPRIMERIE DEL ART